L'UNITÉ
DU POUVOIR

CONCORDAT POLITIQUE

PAR

CLAIRE BRUNNE

Membre de l'Athénée des arts, sciences et belles-lettres de Paris.

L'Autorité,
La Force,
L'Intelligence,
} répondent aux trois catégories sociales, { Besoins,
— aux trois exigences humaines : { Droits,
Devoirs.

(NAPOLÉON Ier.)

PARIS

A. LEDOYEN, LIBRAIRE

PALAIS-ROYAL (GALERIE D'ORLÉANS, 31)

1859

A L'EMPEREUR DES FRANÇAIS

NAPOLÉON III.

SIRE,

Il y a trois pouvoirs : { L'autorité, La force, L'intelligence, } représentés par { Puissance, Justice, Vérité.

Deux sont reconnus ! — Le troisième, celui de l'*esprit*, n'est point encore *franchement organisé*.

Votre Majesté n'ignore pas que le *réveil des esprits* accuse la *vérité* repoussée, méconnue, — que leur révélation est une réaction ! — qu'elle se manifeste à la veille des grandes révolutions religieuses et sociales, pour venir en aide au pouvoir, lorsqu'il sait les comprendre et les utiliser ; mais que *la force des esprits* amène des bouleversements sanglants, quand on essaye de lutter avec elle : témoin 93 et les décadences romaines.

Les pouvoirs souverains se battent aujourd'hui, faute d'un pouvoir qui les unisse. — Ce pouvoir, devenu nécessaire, est celui de l'*esprit ;* il doit être régénérateur et conciliateur ! — Il doit aider au lieu d'entraver. — Il est à la science morale ce qu'est la vapeur à la matière.

Ce pouvoir s'offre à vous, SIRE ! organisez-le.

J'ose vous adresser cet ouvrage, par suite du profond respect qui m'unit à vous, dans l'élévation de mon espoir en Votre Majesté !

Votre très humble sujette,

CLAIRE BRUNNE.

Paris, juin 1859.

1

UNITÉ DU POUVOIR.

CHAPITRE PREMIER.

Il y a trois guerres :

Celle des hommes, ——— l'armée ;
Celle des choses, ——— le commerce ;
Celle des idées, ——— la littérature.

La littérature a-t-elle soutenu son noble rôle ?—Le lui a-t-on permis depuis nos révolutions ?—Je n'en déciderai pas. Soldat de l'idée, je me suis tenue l'arme au bras, attendant l'ordre qui n'arrivait pas, et le général qui m'a fait défection. Car la littérature a été vaincue par le commerce, son associé subalterne, — comme Napoléon par Bernadotte, son inférieur et son allié.

Lorsque les droits naturels ne sont pas respectés et soutenus, l'individu reste en butte à toutes les ambitions ;

Lorsque les pouvoirs supérieurs cessent d'être noblement **protecteurs** par l'exemple et l'appui, l'individu arrive à douter d'eux, cesse de les aider, et ne cherche le pouvoir qu'en lui-même.

Attribuez à cette individualité la démoralisation, le désordre actuel dans les familles, la société et les pouvoirs.

L'argent a forcément remplacé le droit ! — Il devient le seul appui de l'être isolé. — Alors, tous moyens sont bons pour acquérir !... C'est le coup de poing de l'intelligence.

Dans la lutte du monde, aujourd'hui et depuis longtemps, la force corporelle étant enrégimentée par nos lois, la force intelligente n'ayant pas d'action reconnue, s'est faite intrigante. — Elle va, vient, se lance dans tous les chemins, renversant, poussant, écrasant, cherchant et bousculant moralement tout, jusqu'à ce qu'elle ait pris une place que la difficulté lui refuse trop souvent.

Tel est l'état général! On dénigre, on détruit, on calomnie, pour arriver aux premiers rangs. Dans ce combat des intérêts et des volontés, tout est mis à prix : lois, morale, devoir, position, réputation! On arrive par la force de l'intrigue, de l'or ou du mensonge, — comme jadis au temps des rois chevelus par la force du corps.

Nos auteurs dramatiques ont attaqué l'amour de l'or, nos journaux et nos prêches l'attaquent aussi. — Ce n'est point le résultat qu'il faut frapper, c'est la cause. — Elle est la preuve, non l'élément. — Prenez le mal à sa racine, non à sa fleur. — La racine du mal, où est-elle?

Dans la division des pouvoirs;

Dans l'individu, qui ne s'unit plus au chef;

Dans les gouvernements, qui ont cessé d'être protecteurs souverains pour se défendre eux-mêmes;

Dans la loi, qui ne fait plus respecter l'être;

Dans la société, qui ne respecte plus la nature;

Dans l'Église, qui devient égoïste au lieu d'être dévouée;

Dans les lois primordiales, mal soutenues par les pouvoirs unitaires — d'**autorité**, — **religion**, — **lois**, — destinés à fournir par nos *chartes*, nos *évangiles*, nos *codes*... aux *forces*, aux *besoins* et aux *droits* de chacun..., et qui entravent au lieu d'aider, lorsqu'ils se divisent.

Quand vous voulez juger de l'état d'une nation, regardez ce qui domine :

Chez la femme, est-ce l'ordre, la vertu, la droiture?

Chez le magistrat, est-ce l'intégrité, le savoir, la fermeté?

Chez l'employé, est-ce le talent, la soumission, le travail?

Les prêtres ont-ils intelligence, bonté, dévouement?

Non! — Les principes du *bien* et du *mal* ne sont plus que des mots. — L'être est abandonné à ses propres forces. Il est dans la bataille! La lutte est partout! L'égoïsme devient la loi sociale et individuelle, — l'argent, la loi de force, — l'intrigue, la loi morale.

Ce déclassement général ne permet plus à l'éducation, à la famille, à la vertu de se faire reconnaître. On est un chiffre, rien de plus. — Le respect individuel, cette grande force des nations, se perd. L'homme devient marchandise : on l'exploite, il se défend en vain.—La supériorité de l'individu ne porte plus, au général, une valeur ; elle sert à exploiter les autres. — Elle n'est plus un allié du pouvoir, elle en devient l'ennemie !... On la craint, on la chasse, on la nie. — Si Dieu descendait, on le crucifierait encore pour oser rappeler qu'il existe et qu'il faut chasser *les marchands du temple*.

Par suite de cet état de choses, le désordre arrive. — La société est sérieusement menacée... son œuvre est pervertie.

La *raison des choses*, **c'est le Produit**, — a dit Napoléon Ier. —Quel est le produit social aujourd'hui?

L'Église, depuis Louis XIV, a essayé de dominer le pouvoir, au lieu d'être dominée par lui.

Les Parlements ont protesté!

89 a trouvé pouvoir, ⎫
    religion, ⎬ divisés.
    justice, ⎭

Nous en connaissons les conséquences.

Depuis cette époque, tous les moyens employés pour assembler les rênes dans les mains du Pouvoir ont été insuffisants.

Tantôt l'*Église* (en poussant l'humanité hors de sa voie naturelle) prend la suprématie, et la dispute au Pouvoir ; tantôt elle s'unit à la *loi*, contre lui. — La nation, tourmentée au dedans, ne tarde pas à l'être au dehors par les étrangers qui veulent profiter du désordre, soit par crainte, soit par envie. — L'Angleterre, l'Autriche, connaissent, contre nous, cette loi : de la division et de la suspicion... Elles essayent de soudoyer nos *prélats* et nos *juges*,—quand elles ne peuvent plus tromper nos souverains. — C'est surtout aux époques où l'action libérale se fait sentir qu'on peut mieux apprécier cette politique dangereuse des nations à notre égard... François Iᵉʳ, — Henri IV, — Louis XVI, en ont subi les fatales conséquences.

Depuis 93, la nation n'a pas cessé d'en souffrir. Il est temps de lui faire connaître le danger, de l'appeler à y pourvoir. — Que les moyens de forces soient donc (sérieusement et hardiment, avec justice et vérité) donnés à celui qui gouverne. — Qu'ils soient reconnus par une charte, et que l'Église et la justice, forcées de marcher dans l'*unité* et sous la gouverne du *Pouvoir élevé*, l'aident au lieu de l'épuiser! — Que le *Pouvoir* soit fort, qu'il produise le *bien*, et qu'à son défaut la nation reprenne ses droits méconnus pour châtier les trois pouvoirs impuissants.

Car c'est l'individu qui souffre de cet état de choses. Quand l'unité des trois pouvoirs cesse, chacun d'eux séparément reprend sa force, par l'abus ou la vénalité. La démoralisation arrive de toutes les sources. L'intrigue s'organise; elle devient *jésuitique*, s'attaquant surtout aux natures élevées qui peuvent et veulent protester. — Étouffer la vérité, devient l'**œuvre** des coupables (1), — et le nombre s'en augmente d'heure en heure. — La suspicion se fait autour de celui qui ne marche pas dans cette voie de désordres calculés. — L'autorité se perd. — La loi s'applique faussement, — la police remplace tout. — Le *Pouvoir*, éloigné, par la ruse ou par l'erreur, des gens qui pourraient l'éclairer, se trouve forcément dominé par la situation. — Il arrive, comme Louis XVI, par perdre ses forces; — comme Louis XIV, par être dominé (à la fin de son règne); — ou tué comme Henri IV, s'il ose protester; — ou écrasé

(1) C'est le jeu : du *déclassement*, en coupant les communications, en brisant les affections et les rapports d'un individu, on arrive, par la calomnie et la déconsidération, à l'isoler. — Calomnié et déconsidéré, il devient suspect. — L'impuissance en résulte. — Cerné, il obéit à l'intrigue qui le contient ou l'*exploite*. — Ce *déclassement* brise la force morale, seul lien de l'individu au pouvoir. Ainsi déclassé, l'être n'a plus de rang. — C'est l'**ostracisme sur place**, — une nouvelle pénalité en dehors de nos lois, introduite dans les mœurs contre tout ce qui proteste, — c'est la guerre aux intelligences élevées, l'inquisition de notre époque, — le martyre moral. (*Voir les notes de la fin.*)

comme Louis XIII, s'il consent à s'oublier; ou trahi comme François Ier et Napoléon Ier, s'il veut guerroyer.

Que faire? — Éclairer la question devant le public, appeler la presse à cette grande œuvre d'économie morale et politique! amener les esprits déjà rendus à *consentir* d'une manière franche à l'organisation de cette unité gouvernementale, en assurant au Pouvoir, comme moyens de répression et de direction, l'Église et la magistrature, et en faisant entrer dans l'éducation :

> Le travail comme principe,
> La soumission comme nécessité,
> Le devoir comme religion;

Afin que l'ignorance ou le vice ne confondent plus :

> Liberté et impunité,
> Égalité et nivellement,
> Fraternité et vol.

Et que le pouvoir puisse faire respecter l'*Être;*
La religion, le *devoir;*
Et la loi, l'*engagement.*

Car l'*engagement* est la **religion des choses;**
Le *devoir*, la **religion des êtres;**
Le *droit*, la **religion de soi;**
L'*unité* de ces trois religions fait **celle de Dieu.**

L'engagement est donc la source, la sûreté, la force des nations et des peuples. — Il est la base de la famille, de la propriété, de la société.

Le Pouvoir l'a compris par la pénalité. — L'engagement du propriétaire est soumis à la loi;
Celui du soldat, à la peine de mort;
Celui du marchand, à la prise de corps;
Celui de l'ouvrier et de la femme, à la prison.

Les juges ont pour mission de faire respecter l'engagement (1).

____

(1) Lettre de l'auteur à MM. Troplong et Chaix d'Est-Ange.

L'œuvre du légiste est d'appliquer la loi au lieu de la discuter ; — la discussion, c'est l'homme ; — la loi, c'est l'*unité*.

Ce grand mot : UNITÉ, réveillé par nos révolutions, est-il bien compris ? — L'unité, c'est le mariage :

Mariage des pouvoirs entre eux ;

Mariage de la nation et du chef ;

Mariage de l'homme et de la femme ;

Par l'idée et la matière ;

La jeunesse et l'amour ;

Le besoin et le droit ;

La nature et la société ;

Le devoir et la liberté ;

La vérité et la parole.

Toutes choses impossibles quand le *mariage des pouvoirs souverains* n'est pas réel et sérieux, — car les mariages de la nation et du chef, de l'homme et de la femme, de la nature et de la société, des idées et des faits, dépendent d'eux. — Ils cessent ou se distendent lorsqu'ils sont mal dirigés ; — l'isolement se forme ; — l'individualisme s'organise ; — la suspicion et le désordre passent du général au particulier, de l'être à l'idée, de l'idée aux faits ; — les rapports deviennent impossibles, l'action est brisée ou arrêtée..... et la *tour de Babel*, cette grande figure des temps antiques, vers laquelle nous marchons, se présente en dernière fin.

CLAIRE BRUNNE.

Paris, 1er octobre 1859.

L'ORGANISATION

DU

POUVOIR UNITAIRE.

CHAPITRE DEUXIÈME.

Il y a deux forces universelles : d'éléments et de vie :

La matière,

L'esprit,

Elles sont représentées aux pouvoirs : par la force matérielle — et la force intelligente.

En famille : — Hommes, — femmes.

En société : — Progrès, — idées.

Leur but est au pouvoir : Puissance, — vérité.

En famille : — Produits, — bonheur.

En société : — Ordre, — élévation.

Leur abus devient au gouvernement : — Absolutisme, — jésuitisme.

En famille : — Égoïsme, — mensonge.

En société : — Désordre, — révolution.

La force matérielle et la force intelligente sont destinées à s'unir pour arriver au but providentiel de l'humanité.

De nos jours ces deux forces se combattent au lieu de s'unir, ou de s'équilibrer, comme dans la nature.

Ainsi divisées, ou sans rapports réels, elles se nuisent.

Les faire servir l'une à l'autre est la grande difficulté de notre époque.

— Comment la soulever?

En faisant la force matérielle protectrice, — la force spirituelle, morale.

— Comment?

— Par l'autorité de l'action, unie à l'autorité de l'idée.

— Par quel moyen?

En appelant la femme à l'autorité de l'idée et dans les conseils des gouvernants, sous la foi de la vérité.

— Si elle ment?

— L'action en ferait justice, car l'action matérielle combat la force spirituelle quand elle n'est pas unie à l'action morale.

— Quel rôle la femme, ou la force spirituelle, a-t-elle joué dans notre société depuis longtemps?

— Au pouvoir, — intrigues;

— A l'Église, — jésuitisme;

— A la famille, — mensonge;

— Au salon, — fausseté;

— Aux mœurs, — vices;

— Aux résultats, — désordre ou inutilité!

— Pourquoi?

— Parce que l'éducation est faussée. — Elle admet la force brutale ou la contrainte comme moyens; l'enfant s'habitue alors à ne chercher ses moyens de défense que dans les ruses. Il détourne sa force intelligente; elle devient vicieuse.

— Comment y obvier?

Par la nature.

— Mais, laissée à lui-même, l'enfant devient vicieux.

— Parce qu'au lieu de lutter avec ses maîtres il est forcé de lutter avec la société qui barre et arrête sa nature.

— Comment l'y laisser livré?

— En l'harmonisant.

— Comment?

— En acceptant ses facultés matérielles et intelligentes, et les dirigeant au lieu de les combattre.

— Quels moyens :

— Les sciences de l'*électricité* et des *fluides* doivent et peuvent venir en aide à cette difficulté. Notre époque marche vers de miraculeuses découvertes; quelques élus (1) les comprennent et pourraient y diriger les esprits; —mais de *vieux pouvoirs* les repoussent avec une énergie occulte qui les arrête. En attendant, on peut nourrir les facultés par l'intelligence de la vie, — la comparaison, — la communication, — le travail, — l'harmonie (qui est l'ordre), — la nécessité, la solidarité et l'aide !.....

— Mais les passions vicieuses?

— La passion n'est vicieuse que lorsqu'elle est comprimée ou dans de mauvais rapports; quand l'éducation aura reconnu et accepté nos passions pour les diriger et les utiliser dans chaque catégorie sociale des êtres, l'homme et la femme s'entendront dans leurs besoins. — S'ils ne s'entendent pas, les lois les accoupleront, mieux ou plus mal, selon la justice qui punit ou récompense.

— Alors l'homme serait maître?

— Oui ! sous l'influence de l'autorité morale.

— Qu'entendre par *autorité morale?*

— La loi de l'esprit.

— Mais elle est déjà établie dans les codes par l'*autorité* et le *droit.*

— Deux forces matérielles ; — la femme n'y a pas présidé.

— Que faire?

— Mettre la femme partout, occultement, dans les conseils et dans les opinions, — dans les salons, — dans les mœurs.

Les mœurs des salons lui appartiennent.

— L'intrigue, les mensonges et l'autorité matérielle ont annulé leurs forces morales...

L'esprit a deux buts et deux moyens donnés pour conduire l'humanité : l'amour et l'intelligence.

(1) L'auteur est de ce nombre.

La femme, mère des hommes! doit également rappeler l'être vers ces deux buts ; l'y conduire :

> (En société,
> { En famille,
> (En amour.

L'œuvre de l'homme est de régler par les lois et l'autorité matérielle le résultat de ces deux impulsions données par la femme !

— L'homme fait les lois,

— La femme les mœurs. — Ils lui servent de garanties.

Car lorsque la femme fait les mœurs, elle n'a pas besoin de protection ; la force morale la protége par l'*opinion*, l'*intelligence*, l'*idée*. Ces forces admises et reconnues éloignent le mensonge. — Sans cela, la femme se pervertit comme *Ève* ; au lieu d'aider l'homme elle le perd.

La Genèse s'explique ainsi : — Adam va au travail isolément ; il laisse la femme isolée : elle invente le *vice*.

Le mauvais esprit vient ; il trouble et confusionne tout (1).

L'unité de l'homme et de la femme, de la force matérielle, de la force spirituelle, est nécessaire à toute action.

(1) Ève, c'est l'Église et non pas la religion : il est temps de s'en apercevoir. — Adam ne peut pas plus se passer d'Ève qu'Ève ne peut se passer d'Adam. Mais quand Adam perd la vue de Dieu, Ève perd le respect pour Adam. — L'attelage n'a plus de cocher ; il tue au lieu de conduire. — C'est ce qui est arrivé à tant d'époques de l'histoire, — mais principalement de la nôtre, — car la femme ne constitue plus l'Église, elle la sert. — Les rôles sont renversés ; le pouvoir n'est plus servi par l'Église, il en est menacé. — La *loi* qui devait retenir ces deux forces a été détournée ; on ne l'emploie plus que pour établir la spoliation ; le ménage gouvernemental ressemble aux ménages parisiens ! Le désordre est partout. — Père, mère, enfant se battent, se décrient, s'usurpent de l'un à l'autre la maîtrise. — L'autorité est impuissante, car elle est faussée. — Adam, chassé du Paradis terrestre, ne voit plus Dieu ! — Ève, éloignée d'Adam, appelle le serpent pour l'aider.

Ces deux forces, séparées l'une de l'autre, l'action est mauvaise ou manquée.

Unies faussement, — l'action est vicieuse.

Contrariée dans ses lois, — elle devient criminelle.

La femme donne la vie matérielle à l'enfant et la vie morale à l'homme ! — Par elle, l'inspiration de l'action !

De l'homme à elle, l'inspiration de l'idée. — Le mouvement se produit ainsi, — et l'action en résulte.

A notre époque, l'action s'arrête parce que la communication s'arrête, parce que la communication de l'homme et de la femme est entravée ou *immorale*.

L'homme a pris tous les pouvoirs à l'Église, — à l'État. — Au salon, — en famille... partout la femme est isolée ou passive.

La communication morale, comme la communication matérielle, est nécessaire *aux produits*.

Quand elle ne se fait pas dans de bonnes conditions, l'action qui en résulte est perturbatrice.

La loi des corps doit être *unie* à la loi de l'esprit.

L'inconséquence résulte du contraire.

A notre époque, la loi et les mœurs manquent également dans l'action.

L'Église fait la femme passive.

Le prêtre prend son *esprit* et son *âme !*....

. . . .

L'État la fait inutile ou vicieuse.

Le salon la comprime et la parque.

La famille la domine !

Voici un extrait d'une lettre écrite à Sa Majesté en 1857. Rien n'a changé depuis.

Sire !

. . . .

. . . . L'action de la femme élevée se perd.
— La femme se vicie dans l'isolement. — Les mœurs se faussent. — Un livre sur ce sujet serait d'actualité nécessaire;
mais comment le faire lire aux esprits occupés d'affaires?

La femme doit mener le monde par les mœurs, l'homme le mener par les lois.

Le pouvoir doit tenir ces deux brides de la civilisation, de la marche des peuples,—comme le cocher tient attachées au mors de son cheval les brides qui le dirigent, — et faire aller *vice versâ*, de droite et de gauche, selon le besoin des États. — Là peut-être est toute la force gouvernementale aujourd'hui? — Cherchez, regardez et voyez!... — Sire! Dieu vous a donné la France! L'humanité souffre, l'individu s'agite, la critique et le malaise sont partout dans l'être, le gouvernement et la famille, fouaillent et martyrisent la bête couverte de martingales; elle se rebiffe encore, — elle se cabrera bientôt ou s'affaissera.

Sire, vous êtes bon cavalier! comprenez ce jeu de la bride gouvernementale; rappelez-vous que la cavale de sang veut être menée par l'intelligence, la caresse, la foi, la parole; qu'effrayer les chevaux est plus dangereux que de les ramener, — et qu'ils ne sont forts et bons qu'avec toute leur puissance (1).

A notre époque, la force morale et la force matérielle, l'influence de la loi, — celle de la femme, sont impuissantes à réprimer le mal, — car l'influence de la loi n'a plus l'aide des mœurs! — les mœurs n'ont plus l'aide de la loi!

---

(1) A l'époque des *confusions humaines*, Dieu apparaît. — Des *esprits de lumière* s'interposent, entre l'homme et la femme, comme une protestation occulte des droits naturels envahis et méconnus! L'existence hors nature faite aux femmes aujourd'hui amène des phénomènes singuliers; ils réveillent l'amour des *sciences occultes*, essayées d'abord par le magnétisme, puis par les *tables tournantes*, aujourd'hui par le *spirite*. Quoi qu'il en soit de ces sciences qui trouvent tant d'incrédules, voici deux fables qu'un esprit de lumière appelé par la foi a dictées. (*Voir à la fin*, note I.)

L'homme élevé de principes et de sentiments, la femme élevée de principes et de *nature*, n'ont plus que de rares communications; de la communication de l'homme et de la femme naît l'action humaine, *physiquement et moralement*.

Cette action de la femme bien dirigée élève tout! C'est la grandeur, qui donne *poésie, justice, moralité, grâces, vérité!* La religion ne doit être que la direction de ce développement, comme le *patriotisme* et l'*honneur*, sont la direction de l'action chez l'homme! — Ainsi,

la loi physique — homme,
la loi morale — femme.

Comme moyen de direction et d'organisation
pour l'homme, — patriotisme, honneur,
pour la femme, — religion, élévation.

———

Quelque belle et active que soit la religion, elle ne peut agir seule, ni se passer de ce principe divin : la communication des sexes moralement et physiquement.

Elle doit au contraire par sa direction exiger cette unité complète, — sans laquelle son autorité ne sera jamais comprise ni réelle.

C'est parce que la religion a perdu ce point de départ qu'elle est aujourd'hui discutée.

Sire!

N'oubliez pas cette vérité prise dans la nature : — l'être *produit*, la société *dirige*. — La *raison des choses gouvernables*, c'est le *produit*, — a dit Napoléon Iᵉʳ.

Si l'Église veut faire produire, comme elle essaye de le faire, en se substituant à la femme et en se mêlant aux choses matérielles par l'activité, elle change la loi de Dieu, et l'humanité, poussée quelque temps dans une voie factice, marche, mais elle souffre, s'arrête ou se brise. — Sire! vous arrivez à Biarritz, j'ai voulu que vous y trouviez cette lettre; je vous ai cherché pour toucher votre esprit si élevé de ces vérités si simples et si gouvernementalement nécessaires — et si méconnues aujourd'hui.. . . . .

. . . .

L'*ordre* a ses lois comme tout ; elles ne sont ni dans la force matérielle, ni dans la force spirituelle isolée : — séparées l'une de l'autre, leurs produits font la confusion ; — unies, elles soulèvent toutes les difficultés.

———

Après 93, l'action humaine effraya le pouvoir : elle l'avait débordé. — Que faire ? — C'est la question de tous les gouvernements qui succèdent aux révolutions, — la *guerre*, — le *travail grossier*, — la force sous ses deux aspects *bruts* : — *bâtir* et *tuer*, — conséquence finale de tous les peuples qui nous ont précédés.

SIRE !

Arrêtons-nous dans cette pente. La *question de la femme* est la question *de vie et de mort* des sociétés actuelles. Voyez et comparez la décadence des anciens peuples ! Elle a suivi le désordre des mœurs... — la répression contraire... L'abstinence catholique a changé le mal de place sans le guérir !... A la fin de toutes les sociétés, l'homme ne communique plus qu'avec la chair de la femme.

Le commencement des empires est le contraire ! *Mahomet... Romulus... Geneviève... Ève !...* et tant d'autres !... (*Voir la note de la page 4.*)

Otez la puissance active de la femme, — mais laissez-la prêcher et parler, contrairement à ce qu'on exige de nous aujourd'hui dans nos conseils politiques, — dans nos salons muets ! — dans nos églises absolues, — dans nos chaires masculines... où la science, comme les lois, n'est étudiée que par son côté mâle.

L'*économie politique*, — cette grande science de nos jours.

—n'a encore été entrevue que par la statistique et la répartition du produit matériel,— le commerce,— l'alimentation.

Ne savent-ils pas que l'*économie politique* a trois branches destinées à s'unir :

Économie politique,
Économie morale,
Économie sociale ou synthétique.

Qu'on me permette de reproduire encore une deuxième lettre adressée à Sa Majesté en 1858 :

SIRE !

Il manque à la science de l'économie politique une école de l'*économie morale* (1), — comprenant le côté religieux et moral de l'ordre, — du gouvernement, — de la famille, — de l'éducation, — de la nature, — de la société, — des lois, des mœurs, — de la vie, — faisant équilibre à l'éducation matérielle et positive des faits, — actes, — nécessités, — douleurs, — difficultés, — révoltes, — déclassements, — injustices, — revers, — besoins.

Cette science a trois cours. Ils représentent :

gouvernement,
religion,
famille.

Aucune de ces trois sources n'est pure.

L'Église, depuis Louis XIV et madame de Maintenon, a accepté les courtisanes ; — la noblesse, le commerce ; — la femme, le mensonge !

L'élévation, qui doit se nourrir de ces trois sources pour se déverser sur tout (par les hauteurs), se perd ; — l'égoïsme envahit tout ; — l'équilibre moral et matériel est rompu.

La noblesse, qui est le pilote, s'est laissé surprendre ! — La police fait agir les courtisanes.

(1) L'auteur en demande la chaire comme professeur.

La femme, de *moyen moral*, devient *moyen de vice*.....

Elle devait appuyer la noblesse, la soutenir élevée : elle la trompe et la perd ! en lui infiltrant la bassesse et la ruse imposées à sa position.

L'Église se glisse entre la femme et l'homme, pour les désunir et saisir la domination. — Les rôles sont pervertis.

Les hautes classes, frustrées d'aliments *élevés* et *sains*, tombent au niveau bourgeois ; — elles font du commerce avec le peuple qu'elles devraient dominer, avec les courtisanes qui les trompent et l'Église qui les perd.

La femme, n'ayant plus que l'action du mensonge, s'inutilise.

Les salons sont sans puissance ; — la politesse *replâcreuse* n'a même plus assez d'aliments pour tromper.

Les masses, comprenant la fausse direction donnée par la *fausse grandeur*, — la mesurent... s'en moquent ou la jouent.

L'autorité se perd,— les lois sont insuffisantes,— la femme se vend. — Voilà nos mœurs !...

Pour retrouver l'équilibre, il faut ramener

La noblesse, — par l'élévation, — à l'*autorité* ;
L'Église, — par l'ordre, — à la *vérité* ;
La femme, par l'intérêt, — au *bien*.

Une revue sérieuse des salons serait un moyen.

L'Église a pris une action politique et une action financière. — Pourquoi ? — Ces deux forces des hautes classes gouvernementales doivent être ôtées à l'Église. — Rendez-la au culte seulement. — Qu'elle cesse d'être administrative, — en quoi que ce soit.

La *classe élevée* a besoin de nourriture vraie. — La femme *réelle* est son Églisé, — quand la femme reçoit de l'État une bonne et noble direction. — La noblesse trouve dans le luxe, dans les arts, dans la littérature, dans le gouvernement, dans

les salons, assez d'écoles d'élévation pour son ascension nécessaire (1)!

Aujourd'hui, comme à Rome, la femme annulée ou viciée
est la seule source où l'homme s'abreuve moralement. —
Qu'espérer d'un peuple ainsi alimenté?

Sire! vous avez appelé les esprits à la grandeur; — grandeur, c'est honneur.

Faites que les mœurs donnent :

l'intelligence
et
l'amour,		} qui sont la *lumière*.

Les lois : le droit
et
l'autorité,		} qui sont la *liberté*.

Le pouvoir : l'honneur,		{ qui inspire la *volonté*.

Car lumière,
liberté,		} sont le but social et gouvernemental au-
volonté,

quel il n'est permis d'arriver que par l'emploi des forces

(1) Un homme d'État m'a dit à moi, en plein salon, et devant Votre Majesté,
assise à dix pas de moi : « Que les femmes nous laissent tranquilles ! Si elles
» parlaient d'autres choses que de chiffons, je ferais entrer *les gendarmes et*
» *évacuer le salon.* » — « Oh ! monsieur, lui ai-je répondu; laissez-nous la
» *parole !* — c'est aujourd'hui notre seule force morale et naturelle ! et na-
» turelle parce qu'elle est morale. » — A-t-il compris? — J'en doute.
S'il m'eût compris, il m'aurait appelée *bas-bleu*, croyant me flétrir, —
ne comprenant pas que ce stigmate de *bas-bleu* veut dire, trop souvent : *intelli-*
gence et misère, et qu'il doit honorer au lieu de flétrir l'écrivain; car aujour-
d'hui, pour les *classes élevées*, la misère : c'est le *déclassement jésuitiquement*
organisé par une influence occulte, et qui, contrairement à nos lois, atteint
sans jugement, les êtres qui, malgré l'éducation mutilatrice généralement
donnée, ont gardé leur **unité**. (*Voir à la fin*, note II.)

données par Dieu, forces *matérielles, spirituelles*, combinées dans les gouvernements par les lois de l'autorité,

{ Du droit,
De l'intelligence,
De l'amour;

Qui, réunis et productifs, font : *grandeur.*

Analysez ce mot *grandeur*, SIRE !... voyez ce qui se passe (non pas autour de vous, mais dans la nation). — Le luxe n'est pas la grandeur; il s'achète d'ordinaire bassement. — La société est réduite au mensonge ou au mutisme,

Les salons annulés,

L'éducation mutilatrice,

La vie de famille brisée ou déchirée occultement,

La lutte est dans l'existence le seul moyen de satisfaire le besoin,

La vie matérielle est achetée par les efforts incessants de la vie morale,

L'ennui, la suspicion, la crainte,

L'isolement avec la foule !...

Quand Athènes et Rome périrent, les peuples vivaient sur les places publiques, les femmes dans les gynécées.

Aujourd'hui la vie du logis est un martyre, toutes les tyrannies, toutes les difficultés s'y sont abritées, — et l'être, resserré sous des dépendances *mesquines* et *basses*, dans des espaces étroits et malsains, — comprimé dans tous ses élans, — soumis à toutes les disciplines en dehors de la loi (1), n'y échappe qu'à force d'or, et se jette avidement dans les places et sur les rues pour trouver l'air et la nature...

Rome et Athènes ont péri pour cela.

SIRE !

Aux temps des absolutismes nécessaires, — aux époques d'*organisation* et de *réforme*, le pouvoir ne cessait pas d'être

______

(1) Celle des nouveaux *maires du palais,* { domestiques,
concierges,
propriétaires.

accessible. — Les premiers rois donnaient une heure à leur
vassaux.

. . . .

— Une heure !... pour les réclamations contre l'abus, — contre l'envahissement inévitable des pouvoirs...

Une heure !... nécessaire aussi au pouvoir, pour l'étude
gouvernementale pratiquée sur le vif.

Cette heure, SIRE ! je la réclame au nom de tous !...

En 1844, à Ham, j'ai pu librement adresser à Votre Majesté
mes vœux, mes sympathies et mon dévouement, — si chère-
ment payés alors !...

Arrivée au pouvoir, Votre Majesté a daigné me donner cette
heure que je réclame encore aujourd'hui... et me combler
de ses bontés... Depuis, une systématique intrigue a divisé
tous les dons de Votre Majesté, et, quels qu'aient été mes
efforts, je n'ai pu parvenir même à me faire entendre.

Derrière les femmes supérieures, qui est-ce qui agit, —
contrairement à nos lois? — SIRE... le savez-vous?

Si saint Louis sous son arbre m'eût entendue, — il m'eût
répondu : — Quelles sont vos preuves? — Je les lui aurais
données, — comme je vous les offre, — et son pouvoir m'eût
fait justice.

CLAIRE BRUNNE,
12, rue du Port-Mahon.

1er novembre 1859.

NOTES.

NOTE I.

LA FEMME ET LA SOCIÉTÉ.

FABLE.

Un enfant s'amusait
A sauter à cloche-pied.
— Que fais-tu ? — dit sa mère.
— J'essaye combien de temps
On peut se soutenir
Ainsi en clochetant.
— Quelle est donc ton idée ?
— D'essayer de marcher
Comme notre société !
Qui s'est faite clocheteuse,
En n'employant jamais
Qu'une seule de ses jambes.
— Qu'est-ce que tu veux dire ?
— Que la famille, c'est la société ;
Que l'homme et la femme,
En formant la famille,
L'unissent en marchant ;
Mais que la société
Ne se sert réellement
Que de l'homme,
Et qu'alors, dans son gouvernement,
Elle ressemble fort
Au cloche-pied :
Elle vacille, trébuche,
Se retient ou s'arrête.
— Mon Dieu ! que dis-tu là ?
— Ma mère, regardez :
Religion, lois, presse,
Conseil d'État, députation,
Sciences, gouvernement,
Je ne vois pas la femme ;
Ils l'ont mise de côté
Comme je mets ma jambe,
Afin de m'en passer !
Ont-ils peur, avec elle,
D'aller vite ou trop droit ?
La loi de l'aplomb
Est bien simple pourtant.

— Mon fils, — dit la mère, —
Ils ne comprennent pas
Que la force de la femme
Doit faire l'équilibre
De celle de l'homme ;
Qu'au lieu de l'arrêter,
Il faudrait l'employer.....
Un jour ils y viendront?
— Qui les retient, ma mère?
— La peur, mon enfant.....
La peur est l'ennemie
De tout ce qui est bien ;
Elle a fait le mensonge,
Elle a fait la bêtise,
Elle fait l'embarras !
— Je ne vous comprends pas.
— Mettez vos deux jambes
Actuellement d'ensemble ;
Essayez de marcher.
— Aye, aye ! je ne puis pas ;
Mon pied est engourdi,
Il refuse le service !
— C'est la femme aujourd'hui ;
Elle a été tellement isolée
Qu'elle ne peut plus agir,
Et qu'on dit d'elle :
Ce n'est qu'un embarras !
Ils restent effrayés.....
— Mon Dieu ! qu'ils sont bêtes !
Car, voyez donc, ma mère,
Ma jambe, maintenant,
Est redevenue la même,
Et je courrais très bien.
— Un jour la société
Fera, je crois, comme toi ;
Mais le guide lui manque,
Il ne te manque pas !

LA FEMME ET L'ÉDUCATION.

FABLE.

Avez-vous quelquefois
Rencontré, — dites-moi,
Un cheval de race
Monté par un manant?
Mon Dieu ! — dites-vous, —
Qui donc a permis ça !...

Il va gâter la bête ;
Il fait saigner ses flancs ;
Il lui brise la bouche ;
Il l'outrage et la rend
Et méchante et farouche ;
Elle ne pourra plus
Suivre seule sa route,
Il faudra la bâter
Pour la faire travailler,
Car le frein et le mors
Certes vont l'effrayer ;
Elle tuera son homme,
Ou bien s'affaissera,
Et ne sera plus bonne
Même à mener le bât.

Eh bien, l'éducation est là
La figure du manant,
Et la bête de somme,
C'est la femme aujourd'hui,
. . . .
Car on veut la réduire,
Non par intelligence,
Vérité et bonté, —
Mais par l'obéissance
Et la mutilation !...

NOTE II.

L'*unité*, aux époques où elle n'est point encore reconnue, donne à l'individu une puissance qui frappe les petits et les grands !... mais qui les effraye !... car cette force n'est pas comprise. — Alors l'imagination invente, — le commentaire se forme, et marche. — La calomnie s'organise et la suspicion commence. — La suspicion est le commencement de la persécution... c'est le martyre à notre époque. — Le martyre moral !... car nous venons de terminer l'époque matérielle ; nous entrons et nous sommes depuis longtemps entrés dans l'époque morale. — L'*unité* n'est que l'union de ces deux forces unies après s'être développées, par la vie humaine ! — L'ère de l'unité doit se former de l'expérience pratique, de l'ère morale et de l'ère matérielle. — Ces deux expériences réunies forment le *code de l'unité*. — L'humanité, instruite par ses deux épreuves, marche dans la voie de l'*unité*, et c'est l'*unité* des êtres devanciers de cette époque actuelle qui doit organiser l'avenir qui arrive.

Chez certains êtres, l'*unité* ou le *spirite* n'est autre que la *grâce*, qui a tant occupé MM. les jansénistes au dernier siècle, qui s'explique par les sciences de l'*électricité* et des *fluides* si peu connus encore. — L'auteur, les a étudiés sérieusement, — mais n'a pu parvenir à faire connaître ses découvertes, — malgré leur haute utilité.

Paris. — Imprimerie de L. Martinet, rue Mignon, 2.